Gerhard Lang

Splitter
Gedichte

Gerhard Lang

Splitter
Gedichte

Bibliographische Information der Deutschen
Bibliothek: Die Deutsche Bibliothek verzeichnet
diese Publikation in der Deutschen
Nationalbibliographie; detaillierte
bibliographische Daten sind im Internet über
http://dnb.ddb.de abrufbar.

Lang, Gerhard:
Splitter
Gedichte

© April 2006 – Gerhard Lang
Umschlagsgestaltung: Books on Demand
Herstellung und Verlag: Books on Demand GmbH,
Norderstedt
Printed in Germany

ISBN 3-8334-4618-8

Gedichte lesen – dabei genesen

Gedanken belecken – liebevoll necken

Gerhard Lang

Halber Mond

Seh ihn am Fenster stehn
Nur eine Hälfte hat er mitgenommen
Bin auch so benommen
und möchte mit ihm gehn

Träum und hab die Augen zu
Mit Silberhänden will ich ihn berühren
Lasse mich verführen
und streife ab die Schuh

Und geh auf Mondessohlen
und auch auf Regenbögen
durch Silbertropfenregen
die Träume mir zu holen

Schatten

Tiefere Bläue und
dunkler die Schatten –
da und dort
Die Vögel sind fort
die Heimweh hatten

Glasige Winde und
voller der Wein –
da und dort
An heimlichem Ort
spiegelt dein Sein

Tiefere Bläue und
Drachen an Schnüren –
da und dort
Die Vögel sind fort
die silberne Himmel berühren

Juni

Die Tage sind jetzt lang
und Menschen Sommer tanken
und die Nächte sind jetzt lang
und nackter die Gedanken

Die Wiesen sind gemäht
der Maulwurf schaufelt auf sein Loch
von da und dort her bläht
ein Stöhnen tiefer noch

Die Tage sind jetzt lang
und auch die kleinen Glücke
und die Nächte sind jetzt lang
und geiler Mondlichtblicke

Ein Stern

Hände
dich halten
den Tag gestalten –
es ist ein Fest

Lippen
dich berühren
dich in Himmel führen –
es ist ein Fest

In solchen Momenten
erglüht ein Stern –
nur für dich
und hat dich gern

Ohne Antwort

Und wenn über den See
der so fern uns scheint
ein tiefes Blau sich legt
und am Ufer die Allee
schwarze Tränen weint

Und wenn in einem Wimpernschlag
dem wir unterliegen
ein Alles liegen mag
dann lasse dich besiegen

Es ist das Ungeklärte
das wir suchen
das wie ein langer Finger uns durchbohrt
das wie auf einer unsichtbaren Fährte
uns weiterführt – wie ein Zauberwort

Nebellied

Hopplahopp – schon sind die milden
Tage in die Erde gesunken
und haben aus dem Becher
des Schlafes getrunken

Jetzt reisen die grauen
Magier landein
und schwingen die Säbel
und bechern den Wein

Jetzt knistern Schleier
dir sanft um den Leib
und zucken in Posen
wie ein lüstern Weib

Hopplahopp – lasse herein
die Geisterspieler
den Geisterwein

Und lege dich nieder
und streichle dich zu
mit Nebellieder
mit eisiger Ruh

In der Nacht

Lass deine Hände fallen
kleiner Narr
Lass ausatmen sie
Lass ihr Festhalten verzittern
kleiner müder Narr
es wird ein Streicheln
noch berühren sie
Lass sie ruhn
kleiner schlafender Narr
nichts andres wollen sie als
in niemands Hände sich legen

Alter Mann

Die Augen hell
wissend hell
Der Blick klein
wissend klein
Leben dünn hinein
dünn heraus lassen

Schäfer am Abend

Geht über den Hügel
der Dämmerung zu
Hunde schnappen
lustlos nach Wolle
Es riecht nach Schlaf

Gibt es den Menschen?
Oder nur das Tier mit
aufrechtem Gang?

Wanderer

Das wird bleiben ein Suchen und
an den Türen werden
Worte hängen

Das wird bleiben von euch wenn
andere ein und ausgehn
die Worte streifend

Hand in Hand

Menschenkette gegen A-Waffen Oktober 1983

Wir marschierten gegen Raketen –
und in meinem Inneren
rüstete ich auf

Wir spotteten gegen die Ohnmacht –
und in meinem Inneren
zitterte ich vor ihr

Wir rückten zusammen –
und in meinem Inneren
begann die Flucht

Wir hielten uns umschlungen –
und in meinem Inneren
schleiften Gefühle sich weg

Wir waren so stark
mit unseren Blicken –
und ich enttäuschte nicht

18

Nachwort

Auf deiner Stirn lauerten
Abgründe
Ich stürze immer noch

Rückschau
Friedensdemo am 22. Okt. 1983

Als sie den Willy
erschlugen
hockten wir auf Asphalt

Schläfe an Schläfe am
Puls unserer Zeit –

gegen SS 20
gegen Pershing 2 –

die Zukunft aus den Augen

Alles wird im Leben
wenn man sich lange genug geduldet
mit einem Häppchen Nostalgie garniert

Seinen Weg finden
ist viel
Ihn gehen
alles

November

Der Tag
endet um fünf
Der Nebel
Häuser bleicht
Die Nacht
hart am Fenster liegt
Die Luft
tonlos zittert
Und Ritzen enger
ineinander greifen
Und Türen fester
sich verschließen
Und langsamer wieder
geht die Zeit
Und tiefer wieder
rückt alles in mich

Bild
Für Imke

Warens diese Hände
diese Augen dieser Mund?

Warens diese Minuten
diese so kostbaren?

Wars dieses Lauschen
dieses lang versunkne?

Wars dies und mehr
das noch ist
das ich atme
immerfort?

... zum See hinunter floh ich

DU hättest sehen sollen
wie ruhig ich war

Die Ruhe tat so weh
auch sein Beben hat
mich nicht berührt

Nur ein Segel neigte sich
und tropfte ins Wasser

Aber alles sonst
war wie immer –
die Steine die
in unsere Körper drückten

Vielleicht werden sie fortgespült
bald wenn die Kälte kommt

manchmal

tritt

GLÜCK

dich auch tot

Seltsam – manchmal

nur ein Wort
als flöge die Hoffnung

für immer fort

Beschwörung

Streich mir doch mit
einem Wort

das Schwarze von
den Lippen fort

und die Wärme
deiner Haut

lass mich spüren
dann verlieren

alle Wände
ihre Schwere

Totenleere

Alter Tanzboden

Noch immer zittern die
Weberknechte auf den Dielen

Ameisen richten ihre
Wanderpfade ein
Mancherorts schlagen sie
Körperbrücken über Schluchten

In warmen Schattenmulden
lassen ihre Beinchen auffällig
Geruhsamkeit erkennen

In Rissen klafterlang
sitzen Grüppchen beieinander
und es ist als wiege

ein Takt ihre Köpfchen
hin und her

Die Stille

Jetzt zieht sie nach Norden
in eine andre Nacht
Es glänzt in den Fjorden
die Geisterwacht

Da hat er
seiner Lieben
einen Liebestraum
geschrieben

und hat auf
Mondlichtstraßen
mit einem Kuss
ihn fortgeblasen

Und da haben alle Sterne
Nacht für Nacht
seine geisterblassferne
Liebe bewacht

Noch einmal träumen
unsren Traum
fesseln mit Küssen

In meiner Hand
deine Stirn
deine Gedanken

Lass mich träumen
unsren Traum
es dunkelt schon

Rückwirkend

In deiner Dunkelheit
hast du mich nie gesehn

Mein Lächeln erfror
schon an der Schwelle

Sollt ich wieder kommen
werd ich mein Vernarrtsein
abtreten vor deiner Tür

Hilfe

Unbürokratisch helfen …
Es gibt soviel
unbürokratische Bürokraten
wie Mäuse die sich nicht
vor Katzen fürchten

Du …

ein
Augenblick Ewigkeit

eine
Nadelspitze Blut

ein Atemhauch Wunder

immer

Gebet

Nun lass die Herzen wieder los
verschnüre all die Kälte
und hebe mich in deinen Schoß
und führ mich über Berg und Felde
Die Zeichen die ich nicht verstand
die leg noch einmal nieder
und halt der Welt und mir die Hand
und lass uns sein wie Brüder

Deine Augen
Für B

Jetzt lieben deine Augen
mich an aus bleichen Bildern
Aus Bildern die zuzeiten
mich ganz zerfließen ließen
Jetzt liegt in deinen Augen
schon Müdsein und Vergessen
Wie hat auch deine Süße
Vergänglichkeit zerfressen

Irrational

Auch in den Häusern
hockt der Krieg

Auch Hände die beten
tragen Gewehre

Auch zwischen Behaglichkeit
lauern Bomben

hinter einem freundlichen Lachen
neben runden Hüften
schützenden Schultern

und einem lieben Gesicht
ohne Liebe

Herbstfenster

Durch die Fenster zaubert Herbst
Dem Gesäusel der Blätter
enthuschen heitre Töne
Klänge ohne Moll
Tasten aus Laub
Finger aus Wind
Melodie aus Ewigkeit
dazu wildes Geschnäbel
willkürlich Beifall schnarrt

O blaue Stunde – lichtes Blatt
wie wärmt ihr meine Winterseele!

Damals

Damals
sah ich dich zum ersten Mal
wir saßen uns im Raum gegenüber
Deinen Hals zierte ein gelber Schal
und manchmal flogen deine Blicke herüber

Damals
wir waren so fröhlich zusammen
und immer wurde gelacht
Wir standen so vergnügt in Flammen
wie oft schon hab ich daran gedacht

Damals
du warst noch ein Kind
gerade erst vierzehn Jahre alt
Ich war verliebt wie es nur Kinder sind
in deine liebschöne Märchengestalt

Damals
in unzähligen Nächten
hab ich geträumt von dir
Mir träumte Engel brächten
eine Märchenliebe zu mir

Mir träumte wir ritten durch Gassen
und aus den Gassen hinaus
und ganz am Ende der Straßen
zu einem Märchenhaus

Mir träumte wir lägen auf Tönen
von hundert Elfen umschlungen
und jede der Himmelsschönen
hat uns ins Herze gesungen

Da war der Traum zu Ende
Im Fenster stand der Tag
und starr standen die Wände

Wie schnell vergeben
all die Träume
und bald das Leben

Mancher
ist eben nur solange Freund
solange deine Meinung
auch in sein Leben passt

Für T

Du bist das Feuer
das mich verbrennt
mein Ungeheuer
das niemand kennt

Du bist die Hand
an der ich geh
mein Endlosband
mein ewig Weh

Spiel

Im Gras liegen –
im Wind

Gedanken fliegen –
geschwind

sagen nicht viel –
sagen alles

spielen ihr Spiel –
ihr pralles

wollen lachen –
wollen betrügen

traurig machen –
süß dich belügen

Zeit

Geäst aus Kapillar –
wie Sterne wunderbar –
zeitlos hingereiht

Kleiner Zweig ...

du kennst mich kaum
du bist nur still
stellst keine Fragen
träumst allein dein Traum
Ich wünscht ich könnt
dir viele Dinge sagen

Du

Für T

Du hast so eine leise Art zu sein
Du willst in vielen sanften Blicken
mein Herz zusammendrücken
und Traum um Traum mir sein

Du atmest tief und voll das Leben
umflort von unbenannter Welt
die einer stark in Händen hält
hinzunehmen hinzugeben

Von diesem Sein und Namenlosen
zaubert Spiel und einzig Sinn
zaubert sanft im ewig Großen
Augenblick und Neubeginn

Vom Glück
Für T

Aus sinnlich kindhaft Näherkommen
fällt dein Blick – ich wag ihn kaum zu schauen
fühl voll Glück mich aufgenommen
und heiß den Tag und still die Seele blauen

Wie wirbt um ihn der Sinn – der Sinngestalter
aus schmalem Lächeln zittert her das Leben
dem bangen Herzen zuzufächeln – dem Traum
                               sich hinzugeben
und in Sekundenspanne – gleich dem Falter

zu fallen zu lodern – in Lust zu brennen
als stürben tausend mal tausend Glücksverwalter
doch keiner je kann dieses Glück benennen

Credo in unum Deum
Für T

Du bist der Traum dessen Träume kamen
wenn wachend ich nach dir rief
Mit welch Sehnen rief ich – denn dein Namen
ist Ferne – tausend Himmel tief
Du bist das Lied darin ich still entschlief
und jeder Takt erkennt in mir ein Ahnen
Du bist das Bild durch die Gestirne Bahnen
wenn ich wachend nach dir rief:

Wie lieb ich dich – meine Lippen lahmen
du bist der Anfang der sich ergießt
in ihm erstarrt und wund der Samen
der bang in deine Schönheit fließt

Du bist mir fremd und hast mich hochgerissen
aus dunkler Ruh – die wie ein Grab mir schien
und wie ein Fallen – sanft auf Kissen
erhobst du mich aus Finsternissen
in deinen Flammen zu verglühn

Du Bild – von dem ewig Großen
du dessen Flügel kamen
wie Schein wie Ahnung dem Ruhelosen
Du bist das Licht – ich das Amen

Manchmal

Manchmal möcht ich
ein Vogel sein
singen verborgen
mein Lied

Der Tau
am Grashalm sein
und wohnen wo Eule und
Nachtwürmchen glüht

Manchmal möcht ich
ein Sonnenstrahl sein
und sein wie Kinderlachen
und alles Schwere heiter machen

In Träumen nur
wohnt das Gestern
und das Morgen
Aber im Heute nur
müssen wir die
Sinne ausbreiten
zu sehen alle Tiefen
und Höhen

Es herbstet –
lass ein Lichtchen blinken –
hol den Sommer aus den Taschen –
noch einmal ihm zu winken

Abschied
Für P

Paradiese
in mir

Wenn du lachst
springt der Himmel
Engelsküsse tropfen nieder

blaue Flügel
dein Herz

Alles
spielt Paradies
ist du

Kettenhund

Das Wimmern erloschener Gebärde
das sich im Stundentakt ergießt
ist wie die Suche einer fernen Fährte
die wie ein müdes Hoffen grüßt

Nur manchmal noch ein Freiheitswille
schlägt wilder ihm im kranken Herz
Gekeimt – schon welkt ganz stille
an blanker Kette – Traum und Schmerz

Für P

Es ist immer derselbe Traum –
wir lägen nur still im nachten Raum
wir lägen bei Kerzenschimmer
verliebt in deinem Zimmer
Und unser Herz angstvoll fragt
und von sich weg den Zauber schiebt
wer wohl zuerst die Frage sagt
auf die es keine Antwort gibt

Kopenhagen

Lichter – Gesichter
fröhlichjung
schon Erinnerung

Runde Tische
augenlose Fische
Luftballonherzen
Windlichtkerzen

Coladosen – kalte Straßen
Plastikrosen in Scherbenvasen
Blaue Fassaden
eine rote Tür –

ach wie sehne
ich mich nach dir

Abend

Aus den alten Gärten
Blumen quellen
Leiser Tiere Fährten
über Ackerwellen

Hände tasten
über deinen Schoß
sanft ohne hasten –
willenlos

Flügel knicken
wie ein toter Ast
Augen blicken –
gläsern fast

Das Amen
Zueigen P

Sei nicht traurig
es wird vergehn
in einem andren Land
wir uns sehn

Sei nicht traurig
umarme die Ruh
Nacht und Mond
flüstern dir zu

Sei nicht traurig
es rückt die Zeit
und wir haben vergessen
und sind in der Ewigkeit

An die eine

Nur du

Dein Herz
honigsüße

Könnt ich nur fliegen
wie eine Sommerbiene
in dir

Über allem
deine Himmelchen

Über allem
nur du

Träumerei
Für P

Wohl werd ich immer etwas Leiden
und immer eine Sehnsucht fühlen
und immer ohne End' beneiden
wer dein Herzchen hat zu spielen
Und immer werde ich bedauern
und nie wohl richtig es verstehn
warum so schwere Mauern
auf unsrer Liebe stehn

Und noch in ungezählten Jahren
wenn unsre Gräber schon verwehn
wird das was wir auf Erden waren
in den unendlich fernen klaren
Weiten eines Himmels stehn

Nachts

Nachts
hör ich dich schlagen
hör all deine Fragen
bleibe stumm
denke warum

Nachts
mit diesen Wunden
die nie gesunden
nie heilen ich kann

Heilen – Herz
könnt dich nur eine
die kindlich reine
Liebe – die es nie geben kann

Beim Anblick des Meeres

Im Rhythmus
hin und her
Welle an Welle
ewig das Meer
Leise und laut
leicht und schwer
von Sonne durchblaut
ewig das Meer
Von Weite umgeben
ohne Wiederkehr
Gezeiten voll Leben
ewig das Meer

Am Fenster
Für Imke

Sah dich tanzen
im Licht

Einem Traum gleich
deine Gestalt

Und dein stummes Spiel
ein kleiner Schmetterling

Aber was wird werden – Kind
wenn schon im Frühling
die Farben welken …

Dein Tag
Geburtstag P

Will schlafen nur
hab mich satt
lösche die Spur
fühl mich matt

Will nicht wissen
dass es dich gibt
hab zerrissen
was noch liebt

Will schlafen nur
nichts denken
anhalten die Uhr
dem Teufel mich schenken

Im Nebel

Auch seltsam ein Ruf
Alles klingt fern

Jeder Schritt weich
gehüllt ins Nirgendwo
ganz nebelgleich –
im Irgendwo

Abschied
An P

Bist fort –

wirst dein Leben
mit einem Wort
in andre Hände geben

Herbstgoldweich
himmelt mild
einem Engel gleich
dein schönes Bild

Wenn es einen Himmel gibt
ist er da wo du gehst
Ist er der Weg unter deinen Füßen
das Zimmer das dich umgibt
die Luft die du atmest

Fantasie

Mit den Schwalben ziehn
das wollt ich gerne
dem Heute entfliehn
in unendliche Ferne
Den Pflichten entsagen
den dummen Fragen
von allem befreit
in der andren Zeit

Waldweiher im Regen

Schwarzes Wasser unter Bäumen
Stille Weiherspiegelnarben
Aus weichen Wasserträumen
tänzeln Töne lichte Farben

Regentropfenringe gleißen
Weiß und nass vergraut der Tag
Auf die Stille fällt ein Turmuhrschlag
und übers Wasser Wellen kreisen

Und in der Ferne ruft ein Tier
und die Nacht öffnet sacht
nur Sanftes mir

Dürres Blatt

Blatt im Schnee
von Wind zerstoben
ganz ohne Weh
von Zerfall durchwoben

Verstummt Frühlingslieder
getrunken Sommerglut
dunkelmüder
jetzt alles ruht

Blatt auch meine
Tage verklingen
Manchmal will ich weiter singen
manchmal sag ich: es ist gut –
und ich geh und weine

Abendspaziergang

Wie matte müde Lichter
erlischt des Tages Rest
Schimmernde Wolkengesichter
tänzeln am Himmel zum Fest

Seltsam verwaist – ohne Zier
steht Baum und Strauch
und ich geh und denke mir
wann schweigst du auch?

Traumlied

Hinter der Welt da
steht ein großes Haus
Da gehen nur
Engel ein und aus
Da grüßen dich
all deine Träume
die verloren
Da gehst du durch
raumlose Räume
neu geboren
Da wirst du alles
wieder finden
dem Irdischen enthoben
Da wirst du
Ewigkeitslichter anzünden
dort droben

Morgennebel

Erde
mit Tüchern bestellt

knisternde
Drähte zwischen
Weiß und Weiß

Krähen fallen
`gen kommenden Tag

Mit Dir
Für H

Mit dir durchmessen diese Welt
Lust und Not verlachen – lachen
und mit dir bauen Zaun und Zelt
und sonst noch liebe Sachen
Mit dir die Mühen heiter lenken
Nacht und Tag besiegen – siegen
und mit dir alles zweifach schenken
das ist's was mir im Herz würd liegen

Liebe darf alles
aber nie alles auf einmal

Was der Dichter sah
An H

Und am Abend verschwiegen
ein banges Du

von deinen Lippen fliegen

Und wie von Sinnen beglückt
und wie ein Bübchen verrückt

hört' ich deinem Flüstern zu

Nachruf
Für B

Du warst eine Fee
als ich dich sah

Wie Sommerlicht
alles tat mir weh

In jedem Gedanken
verführtest du mich

In jedem Gedanken
sah ich nur dich

Du bist wie Wind
haltlos wie nur Winde sind

Kleines Geheimnis

Einmal durchs Weltall gehn
das wollt ich gerne
und einmal die Erde sehn
aus kosmischer Ferne
Einmal die Erde sehn
wie alle die Sterne
und wieder nach Hause gehn
das wollt ich gerne

An das Mädchen aus Wien
Für Irene Abraham

Deine schwarzgrünen Mondaugen
sind auf meine Stirn gerollt

Jetzt lodern sie auf meinem Mund

Möchte in deinen Atem fallen
du aber lachst nur – vielleicht spöttisch
gewiss aber heiter
O wie deine Monde funkeln

Ein starker Fluss
senkt mich in deine Tiefen

Aber in der großen Stadt versickern
deine mondenen Augen
wie im Meer die Träne

Abendlied

Leise schon die Vogelstimmen
der Weiher noch flüstert ihr Lied
Aus Wolken fällt ein Glimmen
und der Tag neigt sich müd

Schweigen legt sich auf die Hügel
Mond sein Licht entfacht
und der Sehnsucht schwere Flügel
irren durch die lange Nacht

Christian Wagner

Dir
sang jeder Zweig jede Blume
jeder Falter am Weg

Dich
streiften mit Liebe
die Winde jeder Ruf

Nie
Größeres gereicht
einem Dichterherz

Weißt du

Weißt du –
ich sehe nur dich
atme nur dich
trinke nur dich

Weißt du –
in deinen Armen
ist Sein
Weißt du –
ich warte
bis es dich gibt

Bekenntnis
Meiner kleinen Imke

Bist du da
sterben die schwarzen Vögel
Alle Dinge sind Glück

Minuten umschlingen
süß die Stunden
liegen auf meinen Lippen

Und alles ist gut

Mein Frühling (1)

Eine Lust in mir
wie Feuerfünkchen

Wölkchen schmeicheln
und Düfte mein Herz

Wie gern möcht ich
springen wie Kinder
nach einem getupften Ball

Mein Frühling (2)

Wie Kinder sein
Leben Lachen
In einer Pfütze sitzen
Dummheiten machen

Morgentau trinken
an Gräsern lecken
Tiere erschrecken
mit der Sonne gehn
nur Himmel sehn
dem Heute winken

Erster Schnee

Über Nacht
Liebesnoten
Melodien sacht

Leisere Zeit
Himmelsboten
im Flockenkleid

Mein Herz

Noch drückt Schnee
wie ein Knebel die Erde

Noch schweigen Mäulchen
noch trotzen Köpfchen

Aber in meinem Herzen
knospen schon Schlüsselchen
läuten schon Glöckchen
nach dem Frühling

Schlüsselchen = Schlüsselblume
Glöckchen = Schneeglöckchen

Güterfriedhof

Die Straßen münden in
brennende Gesichter
Darüber rostrot der Himmel

Güterwaggons kriechen
zum Horizont rollen
über Löwenzahn

Verbrannte Luft

augenlose Löcher
in einem Puppengesicht

Reste lappiger Blumen
zersplittertes Holz
glaslose Fenster

Lieber Paul ...
verkohltes Papier
verkohlte Pauls
wie Mückenschwärme

Geratter von Ketten
Rauchstöße
Möwen und Krähen

Aus der Stadt naht
der letzte Lastwagen
Staubwolken mischen sich
im Rostrot des Himmels

Nur mit dem Verstand im Herzen
ist Frieden möglich

Es ist wahr:
Du hast mich nie
ganz verlassen
aber ich habe dir
auch nie ganz gehört

Du
Geburtstagsgruß an B

In den Tagen
als smaragdgrün
deine Augen mir gehörten
gehe ich

sammle die Steine
der Wege
die du gingst

lege mich schlafen
auf einem Lächeln
deiner Lippen

Mit der Treue ist's wie
mit dem sternenüberzogenen
Bett der Nacht:
Im Licht des Tages verblasst der Glanz

Vorfrühling

Flaumiges Licht
kribbeln im Haar
Jetzt bist du erwacht –
Himmelszierde

Sommer

Verzehr mich nach dir
wiege mich in deinem Schoß
bade in deinem Sein

Herbst

Von den Bäumen fallen
bunte Grüße
In meinem Herzen spielen
duftgrün neue Paradiese

Flattert ein Kaiserfalter
wie vom Wind verweht
wie ein Freund ein alter
am Wege steht
Sah im Augenblicksblinken
so im stillen Stehn
ein Hauch der Kindheit winken
im Flügelschlag schon das Vergehn

Jeder kümmert sich
um seinen Hausgarten
keiner sich um den
Garten der Welt

Es ist besser sich nicht
darum zu scheren
was andere tun
sondern besser darum
was man selber nicht tut

Das Leben ist ein Besen
und die Welt
die Schaufel dazu

Verzeichnis der Gedichte

Gerhard Lang, 1950 in Amstetten Kreis Ulm geboren. Lebt in Gerstetten-Gussenstadt. Im Oktober 2000 erhielt Gerhard Lang den 1. Preis des bundesweit ausgeschriebenen Literaturpreises für Kurzgeschichten der Stadt Wolfen (Bitterfeld).
1997 gründete er zusammen mit einem Dichterfreund den Literaturkreis Eselsohr in Gerstetten.
2002 wurde der Literaturkreis Eselsohr im Rahmen des Wettbewerbs kommunaler Bürgeraktionen des Regierungspräsidiums Stuttgart ausgezeichnet. Weiter Auszeichnungen folgten.

Prosasammlung: Was bleibt …; Triga Verlag 2001
ISBN 3-89774-172-5
Der Mann ohne Namen, pro Literatur Verlag 2005
ISBN 3-86611-003-0
In Vorbereitung: Erzählungen, Demand Verlag Waldenburg

Prosa- und Lyrik Anthologien, Hrg. Literaturkreis Eselsohr: Heute ist ein andrer Tag (Lyrik) Zeitenläufe (Lyrik u. Prosa)
Der Autor ist zu Lesungen gerne bereit.
Kontakt: E-Mail ge.lang@sdtnet.de